Paul Maar
Der gelbe Pulli

Bilder von
Katja Kersting

D1109289

Verlag Friedrich Oetinger · Hamburg

Didaktische Beratung der Reihe LATERNE, LATERNE:
Professor Dr. Wilhelm Topsch

© Verlag Friedrich Oetinger, Hamburg 1996
Alle Rechte vorbehalten
Titelbild und farbige Illustrationen von Katja Kersting
Einbandgestaltung: Manfred Limmroth
Satz: Lichtsatz Wandsbek, Hamburg
Lithos: Die Litho, Hamburg
Druck und Bindung: Proost N.V., Turnhout
Printed in Belgium 1996

ISBN 3-7891-1119-8

Wenn man
Ullas Farbstifte anguckt,
sieht man genau,
welche Farben sie mag
und welche nicht.

Der rote Stift ist ganz kurz.
Der blaue und der grüne
sind auch nicht viel länger.
Mit denen malt sie oft.
Deswegen müssen sie
ständig neu gespitzt werden.
Der längste Stift ist der gelbe.

Mama sagt:
„Als ich ein Kind war,
mochte ich Gelb am liebsten.
Mein gelber Stift
war der kürzeste von allen."
Ulla sagt:
„Ich mag aber kein Gelb.
Mir fällt auch
nichts Gelbes ein,
das ich malen kann.

Rosen sind rot,
Pferde sind braun,
das Meer ist blau
und der Himmel auch.
Das Gras ist grün.
Gelb ist höchstens das Postauto.
Aber Autos
mag ich nicht malen."

„Zitronen sind auch gelb",
sagt Mama.
Ulla sagt:
„Zitronen mag ich nicht.
Die sind mir zu sauer."
„Jetzt fällt mir
was schönes Gelbes ein",
sagt Mama.
„Die Sonne!"

„Bei mir ist die Sonne rot,
damit es schönes Wetter gibt",
sagt Ulla.
„Wenn nämlich die Sonne
am Abend rot ist,
wird am nächsten Tag
das Wetter schön.
Gelb mag ich einfach nicht,
da kannst du sagen,
was du willst."

Natürlich mag Ulla
auch keine gelben Kleider,
keinen gelben Schal,
keine gelben Handschuhe
oder gelbe Mützen.

Ullas Tante Nelli
liebt gelbe Farben.
Als sie zu Besuch kommt,
bringt sie für Ulla
ausgerechnet gelbe Socken mit.
Tante Nelli sagt:
„Die gelben Söckchen
gefallen dir bestimmt gut, ja?
Gelb ist eine so frische Farbe.
Klara hat acht Paar
gelbe Söckchen."

Klara ist die Tochter
von Tante Nelli.
Ulla kann Klara gut leiden.
Sie freut sich,
wenn Klara zu Besuch kommt,
und spielt gerne mit ihr.
Sie mag Klara.
Aber gelbe Söckchen
mag sie trotzdem nicht.

Als Tante Nelli und Klara
wieder abgereist sind,
sagt Mama zu Ulla:
„Du hättest dich wenigstens
für dein Geschenk
bedanken können."
Ulla sagt:
„Ich bedanke mich doch nicht
für etwas Gelbes!
Kann man die Söckchen
nicht umtauschen?"
Mama sagt:
„Umtauschen geht nicht.
Aber ich habe eine gute Idee:
Wir waschen sie
zusammen mit den
neuen blauen Socken
von Papa."

„Warum?" fragt Ulla.
Mama sagt:
„Wart's nur ab!"
und steckt Ullas gelbe Socken
zusammen mit Papas blauen
in die Waschmaschine.
Als sie dann die Wäsche
wieder rausholt,
sind Papas Socken
etwas weiniger blau,
und Ullas Socken sind grün.

„Wie kommt das denn?"
fragt Ulla.
Mama lacht und sagt:
„Papas neue Socken färben.
Und Blau und Gelb
gibt eben Grün."

Sechs Wochen später
hat Ulla Geburtstag.
Tante Nelli
hat ein Päckchen geschickt.
Ulla packt es gleich aus.
Erst einen Brief,
dann ein Geschenk,
eingewickelt in buntes Papier.

Tante Nelli schreibt:
„Liebe Ulla,
leider können Klara und ich
erst in zwei Tagen kommen.
Damit du dich
aber schon jetzt
über dein Geschenk
freuen kannst,
schicke ich es mit der Post.
Herzlichen Glückwunsch –
Deine Tante Nelli."

Jetzt darf Ulla
das Geschenk auspacken.
Es ist ein Pulli.
Ein *gelber* Pulli.
„Oh, ist der hübsch!"
ruft Mama.
„Maisgelb!

Das ist die neue Modefarbe."
„Er ist nicht hübsch,
er ist gelb!"
ruft Ulla.
„Den zieh ich nicht an."
Mama sagt:
„Heute vielleicht nicht.
Aber übermorgen
kommt Tante Nelli.
Da ziehst du ihn an."

Ulla versteckt den Pulli
ganz tief unten
und ganz hinten
in der Pulli-Schublade.

Sie denkt:
Wenn Mama ihn nicht mehr sieht,
vergißt sie ihn bestimmt.
Aber am Tag,
an dem Tante Nelli
zu Besuch kommen will,
holt Mama den Pulli
von ganz weit hinten,
ganz weit unten hervor
und legt ihn Ulla hin.
„Ich mag den gelben Pulli nicht",
sagt Ulla.
Mama antwortet:
„Du ziehst ihn heute an.
Keine Widerrede!"
Sie bleibt neben Ulla stehen,
bis die den Pulli angezogen hat.

Richtig sauer
sitzt Ulla beim Frühstück.
Wenn Mama sie etwas fragt,
gibt sie keine Antwort.
Wenn Papa ihr
ein Honig-Brötchen reicht,
sagt Ulla:
„Keinen Hunger!"

„Was hat sie denn nur?"
fragt Papa.
Mama sagt:
„Sie hat etwas
gegen ihren gelben Pullover."
„Wieso? Der ist doch hübsch",
sagt Papa.
„Nein, ist er nicht!"
sagt Ulla
und schenkt sich Kakao ein.
Dabei kommt ihr
eine großartige Idee.

Absichtlich hält sie
die Tasse ganz schief.
Und schon ergießt sich
die halbe Tasse Kakao
über den gelben Pulli.
„He, paß doch auf!"
ruft Papa.

Aber da ist es
schon zu spät.
Mama sagt:
„Zieh den Pulli aus.
Der kommt gleich
in die Waschmaschine.
Den kriegen wir wieder sauber
bis Nelli und Klara kommen."

Aber als Tante Nelli
mit Klara kommt,
hat Ulla
einen dunkelblauen Pulli an.
Der gelbe ist nämlich
noch nicht trocken.
Klara hat
einen hellblauen Pulli an.
So passen die zwei Mädchen
gut zusammen.
Am nächsten Morgen muß Ulla
den gelben Pulli anziehen.

„Wie schön!
Du hast ja mein Geschenk an",
ruft Tante Nelli,
als Ulla zum Frühstück kommt.

Klara sagt:
„So einen Pulli
hätte ich auch gern gehabt.
Aber es war der letzte gelbe,
den es im Geschäft gab.
Deswegen hat Mama
mir den blauen gekauft."
„Weißt du was:
Wir tauschen einfach",
sagt Ulla.
„Gib mir deinen blauen,
dann kriegst du meinen gelben."
„Für immer?" fragt Klara.
„Für immer", sagt Ulla.
Tante Nelli sagt:
„Das ist ja wirklich
sehr, sehr großzügig von Ulla.
Da wird sich Klara aber freuen."

So zieht Ulla
den blauen Pulli über
und Klara den gelben.

Klara rennt gleich zum Spiegel
und bewundert sich.
Ulla schaut zu.
Eigentlich ist der gelbe Pulli
gar nicht so übel,
denkt Ulla.
Eigentlich sieht er sogar
richtig gut aus.
Fast schade,
daß ich getauscht habe!